Christine Lange

Wegweiser für Wanderreiter

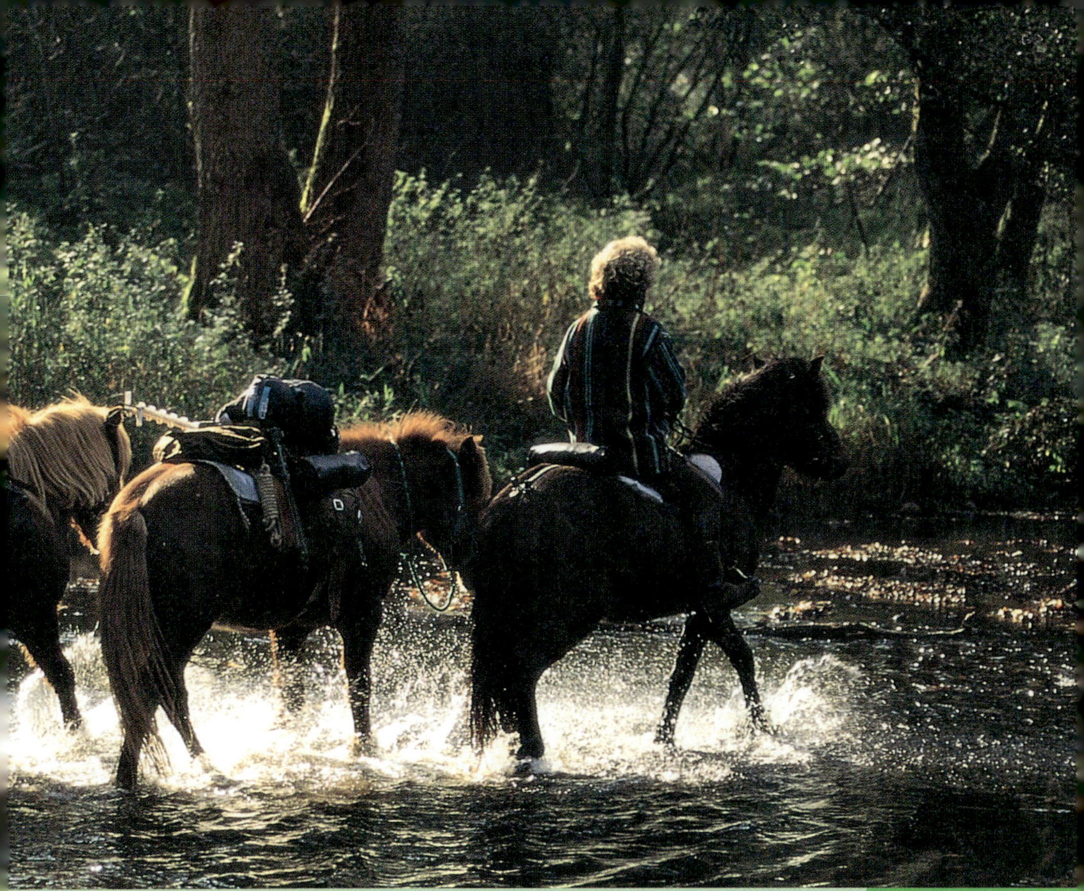

Christine Lange

Wegweiser für Wanderreiter

BLV
Freizeit REITEN

Inhalt

● Zum Thema   **6**

● Praxis-Wissen   **8**

Wanderreiten – Reisen zu Pferd   8
Naturerlebnis 8
Das richtige Know-how 9

Arten des Wanderritts 10
Rund- und Sternritte 10
Im fremden Gelände 11

Ritt-Typen und Schwierigkeitsgrade   12
Der geführte Wanderritt 12
Der selbst organisierte Ritt 12

Rittdauer 13
Gruppenritte 13
Reiten mit Kindern 14
Reitbegleithunde 14
Jahreszeiten und ihre Besonderheiten   15

Anforderungen an Wanderreiter   16
Reitunterricht als Grundlage 16
Sicherheit im Straßenverkehr 17
Reitwegerecht 17
Fitness 18
Topografische Karten und Kompass   18
Wetterkunde 19
Materialreparatur 19

Anforderungen an Wanderpferde   20
Alter und Geschlecht 20
Größe und Körperbau 21
Persönlichkeit 21
Rasse 22
Körperliche und seelische Gesundheit   23
Rittigkeit 23

Haltung des Wanderpferdes 24
Stall, Paddock, Weide 24
Fütterung 25
Körperpflege 25
Hufpflege und Beschlag 25
Gesundheitsvorsorge 26

Ausbildung des Wanderpferdes 28
Führtraining 28
Training als Handpferd 28
Verladetraining 29
Arbeit an der einfachen Longe 30
Grundausbildung unter dem Sattel . 30
Arbeit mit der Doppellonge 30
Fahren vom Boden 31
Verkehrssicherheitstraining 31

Geschicklichkeitstraining	32
Gelände- und Trittsicherheitstraining	32
Auslapptraining	32
Rittigkeitsübungen in der Gruppe	33
Konditionsaufbau	33

Ausrüstung des Wanderpferdes   34

Geeignete Sättel	34
Passform-Überprüfung	35
Geeignete Steigbügel	35
Sattelunterlagen	36
Zäumungen	36
Halfter und Anbindestrick	36
Packzeug	36
Was Sie sonst noch brauchen	37

Ausrüstung des Wanderreiters   38

Reitkleidung	38
Sicherheitsausrüstung	39
Pflegemittel	40
Übernachtungsgepäck	40
Handy und erste Hilfe	41
Was Sie sonst noch brauchen	43

Planung eines Wanderritts   44

Jahreszeit, Ritt-Typ und Termin	44
Streckenberechnung	45
Gruppenzusammensetzung	45
Festlegen der Tagesetappen	45
Übernachtungsstationen	46
Verpflegung	46
Festlegen der Ausrüstung	46
Kostenplan	47
Vorbereitung auf Notfälle	48
Dokumentation	49

Durchführung eines Wanderritts   50

Gesundheitskontrolle	50
Ausrüstungskontrolle	50
Vorplanung	51
Reittauglichkeitsprüfung	51
Rittordnung	51
Pausen	51
Tränken und Füttern	52
Knifflige Situationen unterwegs	52
Geländeschwierigkeiten	53
Hitzschlaggefahr	54
Richtiges Verhalten bei Gewitter	54
Verirrt?	55
Pferdemist entsorgen	55
Im Quartier	55
Die nächsten Reittage	56
Wieder daheim!	56

● **Auf einen Blick   58**

Lehrstätten	58
Vereinigungen, Verbände, Ausbildungsstätten	58
Wettkämpfe	60
Anschriften von Institutionen und Ausbildungsstätten	61
Bezugsadressen für Kartenmaterial	61
Herbergsverzeichnisse	63

Zum Thema

Abseits der großen Straßen wartet das große Abenteuer.

»Dort müssen wir hin!« Wanderreiter sind echte Pfadfinder im Sattel.

Praxis-Wissen
Wanderreiten – Reisen zu Pferd

Tack, tack ... klappern die Hufe auf den Pflastersteinen zwischen Fachwerkhäusern. Eine Frau steckt ihren Kopf aus dem Fenster: »Wo soll's hingehen?« »Zur alten Mühle!« Wir lassen die Dorfstraße hinter uns und tauchen ein in die grüne Hügellandschaft. Rechts und links vom Pfad wippen Gräser und wilde Blumen. Endlich reißt die Wolkendecke auf, und die Sonne malt goldene Punkte auf die Mähnen unserer Pferde ...«

Abseits der großen Straßen gibt es zauberhafte stille Winkel zu entdecken.

Naturerlebnis

Was empfinden Sie, wenn Sie diese Zeilen lesen? Möchten Sie nicht auch am liebsten gleich Ihr Pferd satteln und reiten, ... reiten bis zum Horizont? Möchten Sie die Landschaft neu entdecken, ... dem Gemurmel des Bachs lauschen, den Duft feuchter Erde einatmen? Wenn Sie begeistert »Ja« ausrufen, haben Sie den ersten Schritt zu Ihrer neuen Reitsportdisziplin bereits getan: dem Wanderreiten!

Wanderreiten können Sie als geruhsame Art des »Reisens« oder als Wettkampfsport ausüben. Das Besondere ist die harmonische Verknüpfung von Reit- und Landschaftserlebnis, von kulturellem und kulinarischem Genuss. Das Pferd wird zum Bindeglied zwischen Mensch und Natur. In den Tagen enger Gemeinschaft wird es zum zuverlässigen Partner, dem man vertraut und dessen Leistungsfähigkeit Respekt verdient.

Allein in Deutschland unternehmen heute nahezu 100 000 Pferdebesitzer mindestens einen oder zwei mehrtägige Wanderritte pro Jahr. Um ihre Lieblingsdisziplin auszuüben, brauchen sie eine Infrastruktur: Haltungsbetriebe, Ausbilder und Ausrüster, die sich ihrer gezielt annehmen. Sie wünschen sich ein interessantes Reitwanderwegenetz, geeignete Unterkünfte und attraktive Veranstaltungen.

Das richtige Know-how

Möchten auch Sie auch zu den Wanderreitern zählen? Dann lassen Sie sich von diesem Wegweiser begleiten. Er zeigt Ihnen verschiedene Möglichkeiten des Wanderreitens auf, informiert Sie über die Anforderungen, die diese Reitsportdisziplin an Sie und Ihr Pferd stellt, und hilft Ihnen in Fragen zu Haltung und Training weiter. Er stellt Ihnen notwendige Ausrüstungsteile vor und unterstützt Sie bei der Vorbereitung und Durchführung erster Ritte. Natürlich zeigt er Ihnen auch Ausbildungsbetriebe auf und informiert Sie über Wanderreiter-Festivals und Trekking-Wettkämpfe.

Ich wünsche Ihnen viel Spaß bei der Lektüre! Vielleicht treffen wir uns ja eines Tages einmal mit unseren Pferden, irgendwo auf einem stillen Pfad abseits der großen Städte ...

Arten des Wanderritts

Geländeritte verschaffen Ihrem Pferd Abwechslung.

»Am meisten Freude bereitet mir ein langer Ausritt!« Wie Sie empfinden viele Freizeitreiter. Neben gymnastizierender Arbeit in der Reitbahn ist das Reiten im Gelände für das Wohlbefinden des Pferdes unverzichtbar. Hier trainieren Sie seine Geschicklichkeit, bauen seine Kondition auf und fördern seine Fähigkeit mitzudenken.

Rund- und Sternritte

Schon der kleine Ritt rund um die Reitanlage zählt zu den Rundritten. Sie starten an Ihrem Stall, reiten verschiedene Anlaufpunkte an und kehren zum Ausgangsort zurück. Solch ein Rundritt kann eine oder mehrere Stunden, aber natürlich auch Tage oder Wochen dauern! Fangen Sie ruhig erst einmal mit einer kleinen »Runde« an. Reiten Sie mit offenen Augen und neh-

Im fremden Gelände

men Sie die Schönheiten am Rande des Pfades bewusst wahr – den Gesang der Vögel, das Jagdschloss am See ... Glauben Sie nicht, nur in der Ferne ließe sich das Gefühl von Abenteuer erleben – in Wahrheit wartet es schon hinter der nächsten Wegbiegung!

Wenn Sie eines Tages neue Wege erkunden möchten, ist der *Sternritt* eine schöne Alternative. Sie starten an Ihrem Heimatstall, reiten einige Ihnen schon bekannte Anlaufpunkte an, orientieren sich dann aber anhand Ihrer Karte weiter und steuern einen entfernteren Ort an. Dorthin bestellen Sie zu einem vorher ausgemachten Zeitpunkt ein Zugfahrzeug und einen Pferdeanhänger. Ohne Angst, sich auf dem Rückweg zu verirren, kehren Sie samt Pferd wohlbehalten zum Heimatstall zurück!

Auf einen Blick:

Rund- oder Sternritte

- Rundritt in der Heimatregion
  (von A über B und C zurück nach A).
- Sternritt in der Heimatregion
  (von A über B und C nach D – Rückkehr mit Zuggespann).
- Rundritt in fremdem Gelände
  (An- und Abfahrt mit Zuggespann, Ritt von C über D und E zurück nach C).
- Sternritt in fremdem Gelände
  (An- und Abfahrt von jeweils unterschiedlichen Orten mit Zuggespann, Ritt von C über D und E nach F).

Im fremden Gelände

Für einen Reiter mit Erfahrung sind auch Rund- und Sternritte im fremden Gelände reizvoll. Voraussetzung ist, dass Sie ein Zuggespann mit Fahrer organisieren können. Sie erkunden, welche Region attraktive Reitwege bietet, verladen Ihr/e Pferd/e und unternehmen im Reitgebiet Ihrer Wahl kleinere oder größere Touren!

Ritt-Typen und Schwierigkeitsgrade

Ja, Sie reiten gern aus! Aber möchten Sie wirklich fünf und mehr Stunden täglich im Sattel sitzen? Behalten Sie Ihre Nerven auch in kniffeligen Situationen? Um auszuprobieren, ob Wanderreiten wirklich die richtige Disziplin für Sie ist, nehmen Sie zunächst an einem Wanderritt im Gefolge eines Rittführers teil.

Der geführte Wanderritt

Geführte Wanderritte werden weltweit von Reiterreiseveranstaltern angeboten – vom geruhsamen Schrittritt bis zur anspruchsvollen Gebirgstour ist alles vertreten. Im deutschsprachigen Raum helfen Ihnen die reiterlichen Institutionen (siehe Seite 61 ff.) mit Anschriften von Wanderreiterhöfen weiter. Dort nennt man Ihnen auch geprüfte Rittführer, die Sie auf einer eigens erarbeiteten Route führen.

Nehmen Sie doch erst einmal an einem geführten Wanderritt teil.

Der selbst organisierte Ritt

Eines Tages möchten Sie vielleicht selbst einen Wanderritt organisieren! Sie arbeiten die Route aus, stellen die Ausrüstung zusammen und arrangieren Quartiere für Pferd und Reiter (siehe Seite 44–57). Eine solcher Ritt – ohne routinierten Führer – setzt viel Know-how voraus. Lassen Sie sich auf dieses Wagnis erst ein, wenn Sie sicher sind, dass Sie weder Ihre Gesundheit noch die Ihres Pferdes und Ihrer Mitreiter aufs Spiel setzen.

Rittdauer

Beginnen Sie mit langen Ausritten, die Sie allmählich zur Tagestour ausdehnen. So sammeln Sie Erfahrung im Kartenlesen und lernen, Ihre und die Kräfte Ihres Pferdes einzuteilen. Ihr nächstes Unternehmen ist ein Wochenendritt mit einer Übernachtung. Sobald Sie solche Zweitagestouren sicher bewältigen, sind Sie reif für einen mehrtägigen Ritt.

Beim Satteltaschenritt transportieren Sie Ihre Ausrüstung am Pferd.

Die drei Ritt-Typen:

- Beim Trossritt reist das Hauptgepäck im Trossfahrzeug voraus. Sie übernachten bei Landwirten, in Gasthöfen oder Hotels und bringen die Pferde vor Ort unter. Am Pferd transportieren Sie nur Regenzeug, Notausrüstung, Kartenmaterial, Handy, Feldflasche und Imbiss. Dieser Ritt-Typ empfiehlt sich für Einsteiger.

- Beim Satteltaschenritt verstauen Sie Ihr ganzes Gepäck in geräumigen Satteltaschen; Pferd und Reiter finden auf Bauernhöfen oder in Landgasthöfen Quartier. Sie (und Ihr Pferd) brauchen mehr Durchhaltevermögen als beim Trossritt. Auch muss jederzeit ein Rücktransport organisiert werden können.

- Beim Biwakritt übernachten Sie im Freien. Sie transportieren alle Ausrüstungsteile – also auch Wanderpaddock, Zelt und Kochgeschirr – zu Pferd, zum Beispiel auf einem Packpferd. Dieser Ritt-Typ empfiehlt sich nur für erfahrene Reiter – dafür erleben Sie »Natur pur« rund um die Uhr!

Gruppenritte

Bei selbst organisierten Ritten macht das Wanderreiten in kleinen Gruppen von vier bis sechs Teilnehmern am meisten Freude. Ein kleiner Trupp findet auch leicht ein Nachtquartier. Mindestens ein Reiter sollte ein erfahrener Wanderreiter sein. Er übernimmt die Führung, ohne dass es an jeder Weggabelung zu Diskussionen kommt. Natürlich dürfen sich auch zwei erfahrene Kartenleser abwechseln!

Reiten mit Kindern

In Reiterfamilien ist es selbstverständlich, dass bereits die Allerjüngsten früh aufs Pferd klettern. Sattelfest sollten Kinder sein, um ihre Eltern auf einen geruhsamen Ritt zu begleiten – entweder auf einem Handpferd oder in der Mitte der Gruppe. Das Kinderpferd muss vor allem zuverlässig sein. Das Stockmaß spielt eine untergeordnete Rolle, da sich die Ausrüstung kindgerecht verändern lässt. Da Kinder sich allerdings schnell langweilen und lustlos werden, müssen Sie die Tagesetappen kurz halten und für ein abenteuerliches Rahmenprogramm sorgen – mit Picknicks am Lagerfeuer und Schwimmen im See.

So reist Ihr kleiner Vierbeiner besonders bequem.

Reitbegleithunde

Viele Reiter besitzen einen Hund. Soll er mitlaufen, ist es sinnvoll, ihn als Reitbegleithund auszubilden. Er muss nicht nur gesund und gut konditioniert, sondern auch verträglich und gehorsam sein. Führen Sie Hundefutter mit oder gewöhnen Sie Ihren Vierbeiner an normale Kost »vom Tisch«! Sorgen Sie für Trink- und Ruhemöglich-

keiten unterwegs und pflegen Sie seine Pfoten sorgfältig. Ein älterer Hund ist allerdings als Mitreisender im Trossfahrzeug besser aufgehoben.

Jahreszeiten und ihre Besonderheiten

Für Einsteiger ist es am sichersten, im Sommer zu reiten. Es wird spät dunkel, sodass genügend Zeit bleibt, die Nachtstation zu erreichen. Um der großen Hitze zu entgehen, starten Sie früh, rasten ausgiebig zu Mittag und reiten in den Abend hinein. Können Sie sich mit kürzeren Etappen begnügen, sind Frühjahr und Frühherbst eine herrliche Wanderreitzeit voller Farbenpracht! Aber auch ein Winterritt – mit der richtigen Ausrüstung und einem gut trainierten Pferd – ist faszinierend. Wegen der früh einbrechenden Dämmerung können Sie dann jedoch nur kurze Etappen reiten.

Goldener Oktober: Der Herbst ist für viele Wanderreiter die schönste Jahreszeit!

Anforderungen an Wanderreiter

Im Trab über duftende Blumenwiesen, im Schritt durch schattige Wälder: Natürlich werden Sie wunderschöne Momente beim Wanderreiten erleben! Aber ebenso häufig werden Sie viel befahrene Straßen überqueren, Bahnübergänge passieren oder Autobahntunnel durchreiten! Sind Sie reiterlich gerüstet, um diese Situationen zu meistern?

Gruppenübungen im Gelände verbessern Ihre Kontrolle über das Pferd.

Reitunterricht als Grundlage

Absolvieren Sie unbedingt in einem seriösen Reitbetrieb eine Grundausbildung. Nur hier erlernen Sie den richtigen Sitz und die korrekte Hilfengebung. Erst wenn Sie Ihr Pferd ohne Kraftaufwand in allen Gangarten und Tempi reiten, es überall anhalten, wenden, rückwärts richten und kleine Hindernisse bewältigen können, sind Sie fit für längere Geländeritte.

Reitwegerecht

Sicherheit im Straßenverkehr

In dem Augenblick, in dem Sie samt Pferd Ihre Reitanlage verlassen, werden Sie zum Verkehrsteilnehmer und Landschaftsbenutzer. Reiter unterliegen laut Straßenverkehrsordnung den Vorschriften für den Fahrverkehr. Daher reiten Sie rechts auf der Fahrbahn – in kleinen Gruppen einzeln hintereinander, in größeren Gruppen zu zweit nebeneinander.

Bis zu acht Reiter bilden einen Verband; bei einer größeren Anzahl von Reitern teilt sich die Gruppe in mehrere Verbände auf.

Üben Sie auf Ausritten richtiges Verhalten im Straßenverkehr.

Reitwegerecht

»Im Galopp querfeldein ...« Diese Vorstellung ist verlockend, aber selten praktizierbar. Zum Schutz unserer Umwelt haben die Regierungen der Bundesländer Gesetze erlassen, die das Reitrecht regeln. Die Einzelheiten erfragen Sie bei den Landesverbänden Ihrer Reitervereinigung. Im Allgemeinen dürfen Sie in der freien Landschaft auf allen Wegen und Straßen reiten, die nicht durch ein Reitverbotsschild gesperrt sind. Im Wald stehen Ihnen die mit dem Reitgebotsschild gekennzeichneten Wege offen.

Anforderungen an Wanderreiter

Fitness

Mit dem richtigen Fitnessprogramm bringen Sie Ihren Körper in Schwung.

Was nützt ein gut ausgebildetes Pferd, wenn Sie unelastisch im Sattel sitzen? Fit zu sein bedeutet, dass Sie sich sportlich betätigen, gesund ernähren, physisch und psychisch entspannen und ausreichend schlafen.

> **❗ Ihr Fitnessprogramm:**
> - 5 Minuten täglich Beweglichkeitsübungen (Tanzen, Yoga, Tai Chi).
> - 1–2 × pro Woche kraftfördernde Übungen (Hanteln, Bodybuilding, Klimmzüge, Liegestütze).
> - 4 × pro Woche aerobe Übungen (Joggen, Radfahren, Bahnenschwimmen, Aerobic, Seilspringen).

Topografische Karten und Kompass

Ihr wichtigstes Hilfsmittel bei der Orientierung im Gelände sind topografische Karten (siehe Seite 61 ff.). Sie stellen einen verkleinerten Landschaftsausschnitt und die Geländeform dar.

Am leichtesten fällt Ihnen die Orientierung bei Karten mit einem Maßstab von 1 : 25 000. Bei diesen Karten entspricht 1 cm 250 m in der Natur, das heißt, 4 cm stellen 1 km dar. Besorgen Sie sich eine Karte Ihrer Heimatregion und

lesen Sie sich in die Symbolik ein. Versuchen Sie, anhand der Karte verschiedene Nachbarorte vor allem auf unbefestigten Wegen anzureiten.
Nach Kompass zu reiten ist sehr schwierig – am besten lernen Sie es in einem Wanderreit-Lehrgang oder bei einem Überlebenstraining. Hier üben Sie, die Abweichung der Kompassnadel von der geografischen Nord-Süd-Linie – die Deklination oder Missweisung – zu bestimmen und die Marschzahl (den Winkel zwischen Marschrichtung und Nordrichtung) festzustellen.

Wetterkunde

Auch wenn es kein schlechtes Wetter, sondern nur ungeeignete Kleidung geben soll, beeinflusst die Wetterlage die Stimmung bei einem Ritt sehr!

Materialreparatur

Bei gutem Ausrüstungsmaterial passieren Pannen selten, doch vor Missgeschicken sind Sie nie gänzlich gefeit. Die meisten Pannen betreffen den Hufbeschlag: Gut also, wenn Sie mit Ihrem Notbeschlagswerkzeug (siehe Seite 25/26) umgehen können! Auch Reparaturen am Lederzeug können notwendig werden.

Beachte:

Gut-Wetter-Boten:
- Tau am Morgen,
- starke Temperaturunterschiede zwischen Tag und Nacht,
- Ostwind im Sommer,
- Feder- oder Schleierwolken (Zirrus), in 8000 bis 12 000 Metern Höhe unregelmäßig verteilt.

Schlecht-Wetter-Boten:
- Morgen- oder Abendrot,
- grauer Abendhimmel,
- »näher rückende« Hügel und Berge,
- »nahe Geräusche« weit entfernter Eisenbahnlinien oder Fährschiffe,
- kleine »Schäfchenwolken« (Zirrokumuli),
- Ringe und Höfe um Mond und Sonne.

Anforderungen an Wanderpferde

Anforderungen an Wanderpferde

Das Gelingen eines Wanderritts hängt von vielen Faktoren ab. Große Bedeutung kommt dabei der Eignung des Pferdes zu. Sie ist – neben dem gezielten Training – ein wichtiger Garant für die Sicherheit von Pferd und Reiter.

Die Fähigkeiten Ihres Pferdes entscheiden über Ihre Sicherheit.

Alter und Geschlecht

Mehrtägige Touren stellen hohe Anforderungen an die Belastbarkeit von Körper und Geist. Körperlich ausgereift ist ein Großpferd frühestens nach dem vollendeten sechsten Lebensjahr, ein Pony ein bis zwei Jahre später. Erst dann ist sein Skelett vollständig belastbar, und seine Organe haben ihre endgültige Größe erreicht. Zum Wanderreiten sollten Sie es dennoch erst im Alter von acht Jahren einsetzen.

Erfahrene Wanderreiter bevorzugen Wallache wegen ihres ausgeglichenen Temperaments. Stuten können während der Rosse schwierig sein. Bei artgerechter Haltung und solider Ausbildung spielt das Geschlecht jedoch eine untergeordnete Rolle. Auch ein gut erzogener Reithengst kann ein hervorragendes Wanderpferd abgeben. Er stellt allerdings weitaus höhere Ansprüche an Ihr Können als Reiter.

Größe und Körperbau

Überall auf der Welt erweisen sich kleinere Trekking-Ponys als ebenso ausdauernd und zuverlässig wie große Warm- und Vollblüter. Natürlich sind mittelgroße Pferde (150–160 cm Stockmaß) handlicher als Stockmaßriesen; wegen ihrer kürzeren Schrittlänge können Ponys wiederum in einer Gruppe von Warmblütern benachteiligt sein.

Der Körperbau (Exterieur) beeinflusst das Leistungsvermögen des Wanderpferdes. Es muss ausdauernd, trittsicher und tragfähig sein und sich unter dem Gewicht von Reiter und Gepäck ausbalancieren können. Ein bequemer Bewegungsablauf ohne starken Rückenwurf lässt Sie weniger schnell ermüden.

Hütepferderassen – wie Quarter und Paint Horse – sind besonders geeignet.

Persönlichkeit

Beim Wanderritt werden Sie ein ausgeglichenes, mutiges und lernfähiges Pferd zu schätzen wissen. Seine Persönlichkeit (Interieur) wird durch seine Erbanlagen, aber auch Haltung, Erziehung und Ausbildung bestimmt. Die letztgenannten Faktoren können natürlich Sie selbst stark beeinflussen.

Anforderungen an Wanderpferde

Je problemloser sich Ihr Pferd unterwegs handhaben lässt, desto geringer ist das Unfallrisiko.

Rasse

Pferderassen unterscheiden sich durch bestimmte Erbanlagen voneinander. Gut für den Wanderritt eignen sich Westernpferde wie Quarter und Paint Horses und Appaloosas und Hütepferderassen wie Criollos und Camarguepferde. Generell lassen sich alle leistungsbereiten, ausdauernden und willigen Typen einsetzen, auch Warmblüter, Halbblüter und Vollblüter. Sie haben als Kavalleriepferde seit Jahrhunderten ihre Langstreckentauglichkeit unter Beweis gestellt! Kaltblüter sind starke, ausdauernde Schrittgänger und hervorragende Wanderpartner, wenn Sie auf kraftzehrende Tempi verzichten können. Auch jedes gesunde, nicht zu kleine Pony mit den notwendigen physischen und psychischen Voraussetzungen ist geeignet, ganz besonders Islandpferde, Haflinger und Fjordpferde. Viele tragen auch schwergewichtige Erwachsene.

Rittigkeit

Beachte:

Voraussetzungen für Wanderritte:
- Robuste Widerstandskraft
- Gesundes Haarkleid
- Leichtfuttrigkeit
- Regenerationsvermögen

Körperliche und seelische Gesundheit

Wanderritte sind Langstreckenritte, auf denen das Pferd zudem jeden Abend ein anderes Quartier bezieht. Um diese Belastungen zu bestehen, muss es absolut gesund sein. Jede gesundheitliche Beeinträchtigung würde sich auf dem Ritt noch verschlechtern. Es gibt allerdings Erkrankungen (wie ein leichtes Sommerekzem), die das Wanderreiten nicht ausschließen.

Nur in der Herde entwickelt Ihr Pferd ein gesundes Sozialverhalten. Das bedeutet, dass es sich Ihnen willig unterordnet. Im Zusammensein mit Artgenossen ist es umgänglich. Das mindert die Verletzungsgefahr unterwegs! Seine Reizschwelle ist hoch – es erregt sich weniger schnell als sein »nerviger« Artgenosse. Sein inneres Gleichgewicht können Sie durch artgemäße Haltung und ein abwechslungsreiches Training fördern.

Gehorsamkeit und Wendigkeit in allen Gangarten dienen der Sicherheit und erhalten die Gesundheit Ihres Pferdes.

Rittigkeit

Rittigkeit ist das Ergebnis sorgsamer Gymnastizierung. Dressurmäßiges Reiten ist daher eine wichtige Bewegungsschulung für Ihr Pferd. Sie geht einher mit Geschicklichkeit und Sicherheit im Gelände ebenso wie im Straßenverkehr und beugt schweren Unfällen vor. Und letztlich macht die gute Kondition Ihres Pferdes überhaupt erst die Teilnahme an einem Wanderritt möglich!

Haltung des Wanderpferdes

Ausreichend große Raufuttergaben sorgen für Beschäftigung und halten den Verdauungsapparat gesund.

Als Steppentier, Herdentier und Fluchttier zugleich stellt jedes Pferd hohe Ansprüche an seine Haltung. Darüber hinaus soll es nun mit Reiter und Gepäck eine Dauerleistung auf unterschiedlichem Geläuf erbringen. Dabei ist es Wind und Wetter ausgesetzt. Ständig wird es mit neuen Umweltreizen konfrontiert, und immer wieder trifft es mit fremden Pferden zusammen.

Stall, Paddock, Weide

Als Wanderreiter wählen Sie daher eine Haltungsform aus Offenstall mit Paddock oder Weide. Sie trainiert den Bewegungsapparat des Pferdes, sein Herz-Lungen-System und seine Widerstandskraft auf natürliche Weise. Es entwickelt ein gesundes Haarkleid. Sein Verdauungssystem verlangt nach pferdegerechter Fütterung mit freiem Zugang zu seiner Grün- oder Raufutterration. Nervenstärke entwickelt es, wenn es Kontakt zur Außenwelt hat. Und ein gesundes Sozialverhalten erwirbt es in einer festen Pferdegruppe.

Hufpflege und Beschlag

Beachte:

Bei normaler Leistungsanforderung decken hochwertige Grundfuttermittel den Bedarf an Mengen- und Spurenelementen sowie Vitaminen; auf langen Ritten sollten Sie allerdings diese Nährstoffe gezielt zufüttern. Lassen Sie sich bei der Rationsberechnung von einem Fütterungsberater helfen!

Fütterung

Über die Fütterung versorgen Sie Ihr Pferd mit Wasser, Energie, Nähr- und Ballaststoffen. Es braucht täglich zwischen 5 und 12 Liter Wasser pro 100 kg Lebendgewicht. Energie liefern Sie ihm durch Fette und Kohlenhydrate (Mais, Gerste, Hafer, Rübenschnitzel, Luzerne- und Wiesenheu), den Nährstoff Eiweiß über frisches Weidegras oder Heulage, Hafer und Luzerne- und Wiesenheu. Ballaststoffe bekommt es mit dem Raufutter (Wiesenheu, Heulage, Stroh). Seinen Salzhaushalt gleicht Ihr Pferd durch einen Leckstein aus.

Körperpflege

Bei Haltung überwiegend im Freien entwickelt Ihr Wanderpferd ein der Jahreszeit angepasstes Haarkleid. Bürsten Sie das Fell vor und nach der Arbeit, vor allem im Bereich der Sattellage, aber entfernen Sie durch übertriebene Pflege nicht vollständig die schützende Schicht aus Hautpartikeln, Körpersalzen und Staub. Auch sollten Sie das Langhaar nicht beschneiden – es schützt besonders empfindliche Körperteile.

Hufpflege und Beschlag

Räumen Sie die Hufe täglich gründlich aus, bürsten Sie sie regelmäßig mit klarem Wasser ab, aber fetten Sie sie nicht ein. Auch wenn Ihr Pferd normalerweise barfuß geht, benötigt es spätestens vierzehn Tage vor einem Wanderritt einen passenden Beschlag. Griffigkeit auf schwierigem Boden verleiht ein Be-

Haltung des Wanderpferdes

Achten Sie bei Hufschuhen unbedingt auf Passgenauigkeit.

schlag mit Stollen. Die auf die Schenkelenden geschweißten Stollen dürfen weder zu lang noch scharfkantig sein, sonst ist die Verletzungsgefahr bei Rangordnungskämpfen zu groß. Eine Alternative zu Stollen sind Widia-Stifte, die Ihr Schmied statt normaler Nägel benutzt. Wie kleine Spikes geben sie dem Huf Halt auf glattem Grund.

Immer mehr Wanderpferde tragen einen Kunststoffbeschlag. Er wird wie konservative Hufeisen aufgenagelt, ist leichter und preisgünstiger als Eisen. Allerdings kann der Schmied mit den vorgefertigten Kunststoffplatten keine Fehlstellungen korrigieren. Auch Hufschuhe sind für Wanderritte geeignet. Sie werden aus Kunststoff, aus Gummi oder Kautschuk hergestellt. Leider ist es schwierig, die richtige Größe zu finden.

Gesundheitsvorsorge

Nur ein absolut gesundes Pferd ist den Anforderungen des Langstreckenrittes gewachsen! Daher behalten Sie ständig sein Befinden im Auge ist, achten auf seinen Körper, seine Mimik, den Bewegungsablauf und auf sein Verhalten. Kontrollieren Sie auch sein Fress- und Ausscheidungsverhalten. Viele Krankheiten können Sie anhand auffälliger Symptome schnell erkennen (siehe Kasten auf Seite 27).

Gesundheitsvorsorge

Vorbeugen ist besser als Heilen
Mit Hilfe von Schutzimpfungen entwickelt Ihr Pferd Immunität gegenüber gefährlichen Krankheitserregern. Wichtig sind Impfungen gegen Wundstarrkrampf, Tollwut und Pferdegrippe. Viele Tierärzte zählen auch die Impfung gegen Rhinopneumonitis (eine gefährliche Erkrankung der Atemwege, des Geschlechtsapparates und des Zentralnervensystems) hinzu. Durch die ständig wechselnden Quartiere kann sich Ihr Wanderpferd mit Würmern infizieren. Mit Wurmkuren wird entweder bereits das Entstehen der Larven verhindert, oder es werden Larven und Würmer abgetötet. Verabreichen Sie Ihrem Pferd vorsorglich wechselnde Mittel mindestens viermal pro Jahr, bei Weidegang alle sechs bis acht Wochen.

Nicht nur Krankheiten, auch Verletzungen aller Art können das »Aus« für Ihren Wanderritt bedeuten. Kontrollieren Sie daher Stallanlage und Reitbetrieb auf mögliche Unfallauslöser hin.

> **! Krankheitssymptome:**
>
> **Atemwegserkrankungen**
> Symptome: Nasenausfluss, Atemgeräusche, Husten, Mattigkeit, Fieber.
>
> **Erkrankungen des Bewegungsapparates**
> Symptome: Schwellungen, Wärmebildung, Druckempfindlichkeit, Gangunregelmäßigkeit, Wendeschmerz, Lahmheit.
>
> **Erkrankungen der Verdauungsorgane**
> Symptome: Verweigern von Futter und Wasser, Unruhe, Mattigkeit, »grundloses« Schwitzen, Scharren, Schmerzwälzen, Durchfall, Verstopfung, Umsehen und Schlagen nach dem Bauch.

Ihr Pferd benötigt mindestens viermal pro Jahr eine Wurmkur.

Ausbildung des Wanderpferdes

Eines möchten Sie beim Wanderritt nicht erleben: Stress! Ihr Pferd muss daher in jedem Gelände leicht zu reiten sein. Das setzt eine solide Erziehung ebenso wie eine sorgfältige Grundausbildung und ein spezielles Training als Wanderpferd voraus.

Führtraining

Beim Führtraining lehren Sie Ihr Pferd, am durchhängenden Strick in respektvollem Abstand neben und hinter Ihnen zu laufen. Setzen Sie Ihre Stimme, Zupf- und Richtungssignale am (durchhängenden) Führstrick und die angehobene oder antippende Gerte als Hilfen ein. Lassen Sie Ihr Pferd nach jeder Seite hin wenden und weichen, seitwärts und rückwärts treten. Vor allem muss es lernen, in jedem Umfeld gelassen still zu stehen.

Bleibt Ihr Pferd auch in der Gruppe angebunden still stehen?

Training als Handpferd

Beim Handpferdreiten gewöhnen Sie Ihr Pferd ans Gelände, bauen Gehorsam und Kondition auf, entwickeln Raumgriff und Schwung. Voraussetzung ist, dass Sie bei einhändiger Zügelführung ausbalanciert sitzen und über ein gehorsames Führpferd verfügen. Üben Sie auf breiten begrenzten Wegen. Nehmen Sie den Reitpferdzügel in die linke Hand, führen Sie Ihr Handpferd auf der rechten Seite; treiben Sie mit aufgestellter Gerte. Für die Bewegungsschulung wirkt sich Trab besonders positiv aus. Nur im schwierigen Gelände oder zur Erholung gehen Sie Schritt; Galopp reiten Sie ausschließlich auf mindestens einen Kilometer langen Strecken.

Verladetraining

Frühzeitiges Verladetraining erspart Ihnen und Ihrem Pferd viel Nervenkraft! Platzieren Sie den Hänger so, dass Ihr Pferd nicht an der Rampe vorbeilaufen kann, und sichern Sie die Rampe durch »Fänge«. Rüsten Sie Ihr Pferd mit einem stabilen Halfter und einem langen Strick aus, der – wenn Sie ihn im Hänger um die Bruststange wickeln – bis hinter das Ende der Rampe reicht. Auch ein widersetzliches Pferd können Sie dazu bringen, Schritt für Schritt vorwärts zu machen, bis es im Hänger steht, indem Sie das Seil nach und nach verkürzen. Der Schlüssel zum Erfolg bei dieser Methode ist Geduld.

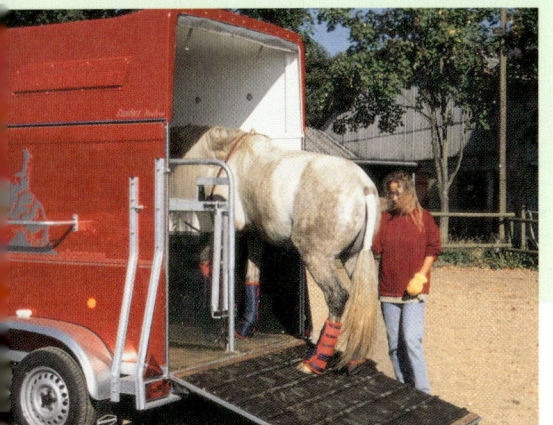

Leider gibt es wenig Reitlehrer, die ein Pferd richtig als Handpferd ausbilden können.

Ein routiniertes Wanderpferd besteigt ohne Angst den Hänger.

Ausbildung des Wanderpferdes

Das Longieren ist Gehorsamkeits- und Bewegungsschulung zugleich.

Arbeit an der einfachen Longe

Die einfache Longe dient der Gehorsamkeitserziehung, der Bewegungsschulung und der Gymnastizierung. Ihr Pferd lernt, ruhig, taktmäßig und losgelassen auf der gebogenen Linie zu laufen. Hauptgangarten sind der ruhige Trab und ein energischer Schritt. Das Halten und Stillstehen belohnen das Pferd. Wendungen und Rückwärtsrichten üben Sie anfangs mit einem Helfer. Den Galopp fordern Sie erst, wenn Ihr Pferd den ruhigen Trab sicher beherrscht. Benutzen Sie als Hilfszügel einen Halsverlängerer, sobald Ihr Pferd an der Longe die Grundgangarten mit ruhigen Übergängen willig ausführt. Nähern Sie sich erst nach und nach der gewünschten Kopf-Hals-Einstellung an, um Verspannungen vorzubeugen.

Grundausbildung unter dem Sattel

Als künftiges Wanderpferd muss Ihr Pferd auch unter dem Sattel gymnastiziert werden. Eine dressurmäßige Grundschulung erhalten Sie in jeder guten Reitschule, auf die Einzelheiten wird daher an dieser Stelle nicht eingegangen.

Arbeit mit der Doppellonge

An der Doppellonge gymnastizieren Sie Ihr Pferd durch lösende und versammelnde Übungen und geben ihm die Möglichkeit, Lektionen ohne Belastung durch den Reiter zu erlernen. Lassen Sie sich die Handhabung der Leinen von

Verkehrssicherheitstraining

einem erfahrenen Ausbilder zeigen und trainieren Sie anfangs mit einem Lehrpferd. Später üben Sie mit Ihrem eigenen Pferd – dabei hat der ruhige Trab den größten Gymnastizierungseffekt. Beziehen Sie nach und nach auch Wendungen, durch den Zirkel Wechseln und Seitwärtstreten ein.

Beachte:

Dehnen Sie die oben genannten Übungen niemals über eine halbe Stunde aus, trainieren Sie dafür drei- bis fünfmal pro Woche. Zusätzliche Bewegung verschaffen Sie Ihrem Pferd durch Spazierritte und eine pferdegerechte Haltungsform.

Fahren vom Boden

Ist Ihr Pferd an die Doppellonge gewöhnt, fahren Sie es vom Boden. Bei Ihren ersten Übungen auf der Rechteckbahn arbeiten Sie mit einem Helfer, der eine zusätzlich ins Reithalfter geschnallte Longe hält. Erarbeiten Sie hier Volten, Schlangenlinien und Kehrtwendungen, Zirkel, Schulterherein und Seitwärtstreten. Sobald Ihr Pferd zuverlässig gehorcht, beziehen Sie die gesamte Reitanlage in Ihr Training ein.

Verkehrssicherheitstraining

Je früher und je behutsamer Sie Ihr Pferd an den Straßenverkehr gewöhnen, desto geringer ist die Unfallgefahr. Üben Sie in Begleitung eines erfahrenen Reiters anfangs auf verkehrsarmen Straßen und steigern Sie die Anforderungen allmählich. Nutzen Sie jede Gelegenheit zu Spazierritten durch Ortschaften. Halten Sie vor jeder Straße an, auch wenn kein Fahrzeug in Sicht ist.

Bereiten Sie Ihr Pferd mit viel Ruhe auf den Straßenverkehr vor.

Ausbildung des Wanderpferdes

Geschicklichkeitstraining

Trailhindernisse festigen Vertrauen und Gehorsam beim Pferd und erziehen Sie zu präziser Einwirkung. Am Steilhang lernen Sie das ruhige Hinabsteigen im rechten Winkel zum Hang. Beim Durchreiten des Flatterbandtors machen Sie Ihr Pferd mit raschelndem Plastik vertraut. Am Gattertor verbessern Sie Ihre Hilfen, ebenso beim Rückwärtsrichten durch das große Stangen-L. Brücke und Wippe bereiten auf Plankenstege und Rampen vor. Planenstraßen aus Folie mindern die Bodenscheue.

Beim Auslappen gewöhnen Sie das Pferd an flatternde Textilien oder Kunststofffolie.

Gelände- und Trittsicherheitstraining

Beginnen Sie Ihr Geländetraining mit 20-minütigen Ritten und üben Sie, vorwiegend in einem ruhigen Trab zu reiten. Beziehen Sie bald Wege mit unterschiedlichem Geläuf ein: Lassen Sie Ihr Pferd Steigungen fleißig hinaufklettern, Gefällstrecken im ruhigen Schritt hinuntergehen, Steilhänge hinabrutschen, über gefällte Baumstämme klettern und durch Wasserläufe waten.

Auslapptraining

Das Auslappen ist ein Ausbildungselement der Westernreiter. Es soll die Scheuneigung Ihres Pferdes vermindern. Machen Sie Ihr Pferd im eingefriedeten Longierzirkel ohne Zwangsmaßnahmen mit verschiedenen Textilien, Plastikplanen und Alltagsgegenständen vertraut: Automatikregenschirmen, Mülltonnen, Wäscheleinen. Belohnen Sie jeden Fortschritt mit einem Leckerwürfel.

Rittigkeitsübungen in der Gruppe

Die folgenden Gruppenübungen sind in der Praxis deutlich schwerer nachzureiten, als sie sich lesen. Gehen Sie aus Sicherheitsgründen die Übungen fünf und sechs erst an, wenn Sie die Übungen eins bis vier beherrschen.

1. Halten Sie im Schritt und Trab in allen Tempi eine Pferdelänge Abstand.
2. Nun überholt der jeweils Letzte der Gruppe alle in der nächsthöheren Gangart und übernimmt die Tête.
3. Reiten Sie paarweise – später einzeln – voneinander fort. Reiten Sie in Entfernung einen Zirkel und kehren Sie zur Gruppe zurück.
4. Reiten Sie in allen Gangarten in Gegenrichtung aneinander vorbei.
5. Bleiben Sie mit Ihrem Pferd ruhig stehen, während alle anderen (in allen Gangarten) von Ihnen fortreiten.
6. Scheren Sie in beliebiger Gangart aus der Gruppe aus. Parieren Sie Ihr Pferd zum Halten durch. Sitzen Sie ab und nach einer Weile wieder auf. Schließen Sie auf, ohne dass Ihr Pferd pullt.

Beim Gruppentraining im Gelände sind die Aufgaben oft nur auf den ersten Blick einfach.

Konditionsaufbau

Ausdauer und Kraft erwirbt ein Pferd auf ein- bis zweistündigen Ritten (über 10 bis 20 km) überwiegend in ruhigem Trab. Beginnen Sie mit dem Trabtraining mindestens sechs, besser acht Wochen vor Ihrem ersten Wanderritt; zwei längere Ritte pro Woche reichen, wenn Sie an den anderen Tagen wie oben beschrieben üben.

Ausrüstung des Wanderpferdes

Würden Sie als Bergwanderer versuchen, einen Dreitausender in Shorts und Sandalen zu bezwingen? Sicher nicht! Auch für einen Wanderritt ist eine spezielle Ausrüstung erforderlich, in der Sie sicher und bequem reiten und die Ihr Pferd in seinen Bewegungen nicht behindert.

Geeignete Sättel

Bei der Wahl des Sattels spielen Material, Verarbeitung, Befestigungsmöglichkeiten für Gepäck und vor allem die Passform eine wichtige Rolle.

Fürs Wanderreiten benötigen Sie eine strapazierfähige Ausrüstung.

Sportsättel

Unter den Sportsätteln ist nur der Vielseitigkeitssattel bedingt geeignet. Die Eignung eines Gangpferdesattels hängt von seinem Zuschnitt ab. Für töltende Pferde empfiehlt sich ein komfortabler Rippsitzsattel.

Trachtensättel

Besser geeignet sind Satteltypen mit einer Unterpolsterung in Form langer »Trachten«. Dazu gehören der Armeesattel, der Australische Stocksattel und der Westerngeländesattel mit kurzem, nach vorn gewinkeltem Horn.

Spezialsättel

Spezielle Trekking-Sättel bauen auf dem Prinzip von Armee- und Hirtensattel auf. Es gibt Sättel mit und ohne Pauschen; die Sitze sind weich gepolstert. Doch viele Reiter mögen das Gefühl, weit »oberhalb« des Pferdes zu sitzen, nicht. Außerdem eignen sich die wenigsten Spezialsättel zum Gymnastizieren. Die kostspielige Ausgabe lohnt nur, wenn Sie einen guten Allround- oder Dressursattel besitzen und häufig an Wanderritten teilnehmen.

Passform-Überprüfung

Die Passform des Sattels ist wichtig für Gesundheit und Wohlgefühl des Pferdes. Sie lässt sich durch verschiedene Sattelmessmethoden nachprüfen.

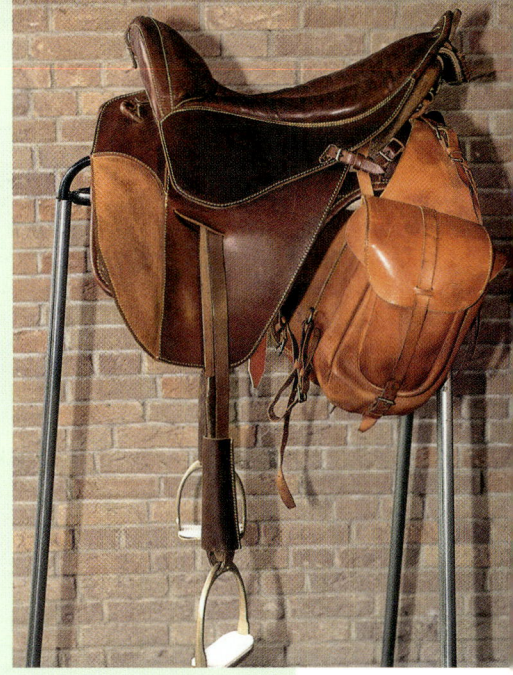

Sehr kostspielig ist ein Spezialsattel fürs Wanderreiten.

! Passt der Sattel?

- Der Sattel darf weder auf Widerrist noch Rückgrat aufliegen oder die Luftzirkulation durch die Kammer behindern.
- Er darf die Schultern des Pferdes nicht einengen, nicht auf die Nierenpartie drücken und muss im Bereich der Gurtung passen.
- Sitzgröße und Sattelblatt oder Fender müssen zum Reiter passen.

Geeignete Steigbügel

Fürs Wanderreiten brauchen Sie schwere Steigbügel, die sich leicht aufnehmen lassen. Gardian-Steigbügel (Eisenkörbchen), Sicherheitssteigbügel oder Westernbügel sind gut geeignet. Zusätzlich montierte Tapaderos (Bügelschutzkappen) schützen den Fuß vor Regen.

Ausrüstung des Wanderpferdes

Sattelunterlagen

Die Sattelunterlage sollte mittelstark und aus schweißaufsaugendem Material sein. Verzichten Sie beim Westernsattel niemals auf ein passendes Pad. Legen Sie Navajo-Decken nur über dem Pad auf. Eine Wolldecke als Woilach falten Sie sechsfach, sodass die offenen Enden links und hinten herabhängen.

Zäumungen

Jede Zäumung, die Ihrem Pferd perfekt passt, seine Atmung nicht behindert und willig von ihm angenommen wird, ist geeignet: Dies kann eine einfach oder doppelt gebrochene Trense, ein Nathe- oder Ledergebiss, das Kimblewick (eine Zwischenform zwischen ungebrochener Trense und Stange) oder eine einfache Westernstange mit leicht gewölbtem Mundstück sein. Als gebissloser Zaum empfiehlt sich das Side Pull für brave Pferde.

Die Zäumung, die Ihr Pferd gerne annimmt, ist am besten geeignet.

Halfter und Anbindestrick

Um Ihr Pferd unterwegs führen und anbinden zu können, trägt es unter dem Zaum ein gut passendes Halfter. Den 2,5 m langen Anbindestrick mit Karabinerhaken schlingen Sie um den Pferdehals und fixieren ihn mit einem Spezialknoten.

Packzeug

Das Packzeug besteht aus zwei Vorder- und zwei Hinterpacktaschen aus Leder oder robustem was-

Wichtiger Hinweis:

Fragen Sie bei Ihrer Versicherungsgesellschaft nach, ob sie die Folgekosten bei einem Unfall auch dann übernimmt, wenn Sie gebisslos reiten.

serdichten Textilgewebe, dem Packsack, einer Kartenhülle und Ihrer Feldflasche. Es darf das Pferd weder beengen noch Druckstellen hervorrufen und muss beim Reiten in allen Gangarten ruhig liegen. In den Vordertaschen verstauen Sie, was schnell zur Hand sein muss (wie Werkzeug für Beschlag und Lederreparatur), in den Hintertaschen Wäsche und Pflegeutensilien. Packsäcke gibt es aus robustem Rucksackstoff mit wasserdichtem Futter. Packen Sie härtere oder sperrige Gegenstände (Straßenschuhe, Fön) in die Mitte und umhüllen Sie sie mit Kleidungsstücken oder Handtüchern.

Auch strapazierfähiges Rucksackgewebe eignet sich für Packtaschen und -sack.

Was Sie sonst noch brauchen

Weitere Ausrüstungsteile führen Sie teils am eigenen Pferd mit, teils verteilen Sie sie auf die Pferde Ihrer Mitreiter.

Die Grundausstattung besteht aus:
- Putzhandschuh als Ersatz für Bürste und Striegel
- Hufräumer
- Beschlagswerkzeug
- Pferdedecke oder gefüttertem Regenponcho zum Warmhalten des Pferdes
- Taschensäge oder zusammenklappbarem Allroundwerkzeug
- Segelgarn, Rundnadeln, Ledernieten, Lochzange, Lederschnüren
- Lederpflegemittel

Beim Biwakritt brauchen Sie zusätzlich:
- Zelt, Feuerrost, Feueranzünder, Kochgeschirr, Proviant, Trinkwasser, stabiles Anbindeseil (20 m für 6 Pferde)

Im Begleitfahrzeug halten Sie bereit:
- Ersatzhalfter, -strick, Reithalfter, Bügelriemen, Gurt und Sattelunterlage

Ausrüstung des Wanderreiters

Ausrüstung des Wanderreiters

In Ihrer Kleidung sollten Sie sich bei jedem Wetter wohl fühlen.

Sie wollen »unbeschwert« reiten – im Sinne des Wortes. Auch Ihre eigenen Ausrüstungsteile sollten sich daher durch Multifunktionalität, wenig Gewicht und geringes Volumen auszeichnen.

Reitkleidung

Als Wanderreiter müssen Sie mit jedem Wetter rechnen – dennoch möchten Sie sich am und auf dem Pferd immer trocken, angenehm temperiert und geschützt gegen Wind und Nässe fühlen. Diese Anforderungen erfüllt der »Zwiebellook«:

1. Sportunterwäsche aus Spezialfasern saugt Schweiß auf und hält Ihren Körper trocken.

2. Die Oberbekleidung (Hemd oder Sweater aus kühlendem Mischgewebe oder wärmendem Fleece, Jodhpurhose mit Kunstlederbesatz) leitet Körperfeuchtigkeit an die Überbekleidung weiter.

3. Die Überbekleidung (Trekking-Weste aus Mischgewebe, Jacke aus Mikrofaser oder Fleece) schützt vor Wind und/oder Kälte.

4. Der Nässeschutz (Jacke plus Überhosen aus gewachster Baumwolle, Nylon, Goretex oder Sympatex oder Mantel aus gewachster Baumwolle) schützt vor Regen und Schnee.

Sicherheitsausrüstung

5. Wanderreitstiefel schützen und stützen den Fuß, sind rutschfest und wasserdicht.

6. Der Kopfschutz auf dem Pferd (Helm, Wanderreiterhut aus Kaninhaar mit Hartschale) schützt vor Stoßverletzungen, am Pferd (Hut oder Kappe) vor Sonne, Nässe und Wind.

7. Handschuhe beugen Verletzungen und Schweißbildung vor.

Sicherheitsausrüstung

Leider sind viele Wanderreiter »Helmmuffel«. Doch nur ein Reitschutzhelm nach dem geltenden Standard (EN-1384) mit Drei- oder Vierpunktbefestigung schützt sicher vor Kopfverletzungen. Für Kinder und Jugendliche bis 18 Jahren ist er gesetzlich vorgeschrieben. Für den Wanderritt empfiehlt sich ein gut belüfteter Leichthelm mit Schirm. Eine attraktive Neuentwicklung ist ein Wanderreiterhut mit herausnehmbarer Hartschale nach Euronorm. Sie wählen die Hutgröße eine Nummer größer und gleichen beim Tragen ohne Helm die Übergröße durch ein Schweißband aus.

Kindern, Senioren und Reitern eines unerfahrenen Pferdes empfiehlt sich darüber hinaus eine Schutzweste. Moderne Westen sind auch optisch attraktiv. Sie werden in drei »Sicherheitslevels« (Class 1 – niedrig, 2 – mittel, 3 – hoch) angeboten. Achten Sie darauf, dass die Weste Ihnen perfekt passt, Ihre Beweglichkeit nicht einschränkt und pflegeleicht ist.

Wer auf den Hut nicht verzichten will, kann ihn mit einer Hartschale sicherer machen.

Leuchten/Reflexprodukte

Auf einem Wanderritt müssen Sie und Ihr Pferd jederzeit von allen Verkehrsteilnehmern frühzeitig und gut gesehen werden: Dabei helfen Ihnen helle Kleidung und Reflexprodukte. Da reflektierende Materialien erst leuchten, wenn sie von einem Scheinwerfer angestrahlt werden, kombinieren Sie sie mit Blinklampen.

Beachte:

Empfehlenswerte Leuchtmittel:
- Reiter-Sicherheitsleuchten
- Blinklampen
- Reflektierende Steigbügeleinlage
- Sicherheitsleuchtband für den Reithelm
- Reflexweste
- Reflexnierenreitdecke
- Outdoor-Jacke mit Leuchtstreifen
- Leuchtgamaschen
- Schweifschoner mit Reflexbändern
- Reflektierende Überzüge für Reithalfter und Zügel

Pflegemittel

Zum Wohlgefühl im Sattel gehört auch ein sauberes, gepflegtes Äußeres. Kaufen Sie Platz sparende Kleinst- oder Reisepackungen oder füllen Sie Ihre Kosmetika in kleine Apothekerdöschen um. Tragen Sie einen Kamm bei sich und richten Sie abends mit einem Minifön die von Helm oder Hut zerdrückte Frisur wieder her.

Übernachtungsgepäck

Je nach Nachtquartier benötigen Sie vielleicht einen Schlafsack – am besten geeignet ist ein 700-g-Daunen-Schlafsack. Verstauen Sie ihn mit Ihrer Wechselwäsche im Packsack. Zum Schutz gegen Bodenkälte (auch auf dem Heuboden) brauchen Sie eine zusammenrollbare Isoliermatte. Für die Übernachtung im

Freien kommen Sie im Sommer mit einer Biwakplane aus wasserdichtem Nylon (für zwei Personen 9–12 qm) aus, die in den Pausen auch Sattelzeug und Ausrüstung abdeckt.

Handy und erste Hilfe

Ihr Handy (am Gürtel getragen) ist ein wichtiger Sicherheitsfaktor. Informieren Sie sich und Ihre Mitreiter genau über die Bedienungsweise, damit bei einem Notfall jeder Hilfe rufen kann. Bei Touren mit Begleitfahrzeug deponieren Sie ein zweites Handy vorn beim Fahrer. Vergessen Sie nicht das Aufladen!

Reiten Sie niemals ohne Erste-Hilfe-Grundausstattung (siehe Kasten Seite 42), damit Sie Bagatellverletzungen und/oder leichtes Unwohlsein behandeln oder größere Wunden bis zum Eintreffen von Arzt oder Tierarzt erstversorgen können.

Mit einem Handy können Sie jederzeit mit der »Außenwelt« Kontakt aufnehmen.

Ausrüstung des Wanderreiters

❗ Beachte:

Erste-Hilfe-Ausrüstung:

- Desinfektionsmittel (Fertiglösung)
- Aluspray (zur Wundabdeckung)
- steriler Verband (nicht klebend)
- 1 Set nicht fasernde Polsterwatte
- selbstklebende Elastikbandage (zur Befestigung des Verbandmaterials)
- Schere (zum Abschneiden von Haar oder Zuschneiden von Verbandszeug)
- 20-ml-Spritze (zum Eingeben von Flüssigmedikamenten oder zum Ausspülen einer Wunde)
- Fieberthermometer
- kühlende, abschwellende und entzündungshemmende Salbe (für Blutergüsse, Verstauchungen ohne offene Wunden)
- antibiotischer Wundpuder
- Nux Vomica D6-Tabletten (homöopathisches Heilmittel zur Vorbeugung von Koliken beim Pferd und Magen-Darm-Verstimmungen beim Menschen)
- Augensalbe
- Insektengel
- Echinacin-Tropfen (zur Steigerung der körpereigenen Abwehr bei ersten Erkältungssymptomen)
- Wundcreme (bei Hautreizungen, Sonnenbrand, Bagatellverletzungen)
- Schmerztabletten
- Pinzette
- Zeckenzang
- persönliche Medikamente

Was Sie sonst noch brauchen

Am Körper tragen Sie griffbereit:
- Kartenmaterial in einer Klarsichthülle
- Jagd- oder Multifunktionsmesser
- Personalausweis, Notfallausweis
- Bargeld und Scheckkarte

Am Pferd transportieren Sie:
- Klappbesteck
- Trinkflasche und Becher
- Stirnlampe und Reservebatterien
- Handlichen Fotoapparat und Filme
- Gummihandschuhe und Plastiktüte zum Entsorgen von Pferdeäpfeln

Ihr Erste-Hilfe-Täschchen sollte stets griffbereit sein.

Planung eines Wanderritts

Wie in den meisten Lebensbereichen gilt auch beim Wanderritt das Motto: Je sorgsamer Sie das Unternehmen planen, desto mehr Freude (und weniger Stress) erleben Sie auf dem Ritt selbst. Reiten Sie daher niemals »ins Blaue«, sondern nehmen Sie sich genügend Zeit für die Vorbereitungsphase.

Jahreszeit, Ritt-Typ und Termin

Am besten entscheiden Sie sich zunächst für einen Trossritt im Früh- bis Spätsommer. Jetzt sind Witterung und Lichtverhältnisse günstig; durch das Begleitfahrzeug ist immer Hilfe zur Hand. Trossfahrer oder -fahrerin sollten Erfahrung im Hängerfahren besitzen und sich auch im Kartenlesen auskennen.

Beschränken Sie sich beim ersten Ausritt auf wenige Mitreiter.

Sobald Sie die Daten für Abritt und Rückkunft festgelegt haben, stimmen Sie die Termine für Beschlag, Impfungen und Wurmkuren darauf ab. Peilen Sie einen zwei- oder dreitägigen Rund- oder Sternritt in Ihrer Heimatregion an. Besprechen Sie die Zeitplanung mit Ihren Mitreitern und reservieren Sie je einen Tag für die endgültige Vor- und Nachbereitung.

Streckenberechnung

Legen Sie auf dem Straßenatlas die ungefähre Route fest und berücksichtigen Sie dabei, dass 15 Kilometer Luftlinie 25–30 Kilometern Reitstrecke entsprechen. Um Ihr Pferd nicht zu überfordern, planen Sie höchstens fünf Stunden (etwa 5 km) Reitzeit pro Tag ein. Die Etappe am ersten Tag darf kürzer sein.

Gruppenzusammensetzung

Ebenso rigoros beschränken Sie sich anfangs auf eine kleine Gruppe (2–6 Reiter). So finden Sie leicht Anbindemöglichkeiten vor Gaststätten und Quartiere für die Nacht. Reiter und Pferde sollten zusammenpassen, was Erfahrung und Können anbelangt.

Festlegen der Tagesetappen

Um die Tagesetappen genauer festlegen zu können, brauchen Sie topografische Karten im Maßstab 1:25000 der Region, durch die Sie reiten möchten, Wanderkarten im gleichen Maßstab, Reiseführer und/oder sonstiges Informationsmaterial (vom Fremdenverkehrsamt) und Quartierverzeichnisse (siehe Seite 61 ff.).
Mit Hilfe der topografischen Karte stellen Sie die Qualität der Wege und ihre Eignung für Pferde fest. Umreiten Sie unübersichtliche Waldgebiete und halten Sie sich an Bach- und Flusstäler. Wanderkarten liefern wertvolle Informationen über Ausflugsziele und Gasthäuser. Reiseführer und heimatkundliches Informationsmaterial zeigen auf, wie viele »Kleinodien« sich abseits der großen Straßen verstecken. Mit Hilfe der Quartierverzeichnisse verschaffen Sie sich eine Übersicht über mögliche Unterkünfte.

Übernachtungsstationen

Bei der Wahl der Etappenziele müssen Sie sich zwischen Bauernhof mit Heulager, Reiterhof mit Fremdenzimmern oder Feldbettenlager und Gasthof mit Einstellmöglichkeiten für Pferde entscheiden. Können Sie mehr Geld ausgeben, kundschaften Sie gute Pferdequartiere (bei Privatpferdehaltern, in Reitbetrieben oder auf Bauernhöfen) aus und suchen sich ein komfortables Landgasthaus. Dorthin fahren Sie dann im Begleitfahrzeug oder im Taxi. Ihrem Wanderpferd sollte das Quartier eine große Weide mit Unterstand oder mindestens einen Paddock bieten. Boxenhaltung ist nicht empfehlenswert, weil langes Stehen das »Anlaufen« der Sehnen fördert. Die Beschaffung von Raufutter ist auf Reiter- und Bauernhöfen unproblematisch. Falls erforderlich, legen Sie vor dem Ritt Kraftfutterdepots an.

Wichtig:

- Markieren Sie die geplante Route mit einem Textmarker erst, nachdem Sie mehrere Streckenvarianten durchdacht haben.
- Falls der Weg nicht zu weit ist, besichtigen Sie die Quartiere vorab, ansonsten bitten Sie um ausführliche Beschreibung. Lassen Sie sich die Buchung schriftlich bestätigen.

Verpflegung

Beim Trossritt transportieren Sie Ihr Picknick im Fahrzeug, ansonsten reiten Sie Gasthöfe oder Lebensmittelgeschäfte an. Bei Übernachtungen bereiten Sie morgens belegte Brote zu, mit denen Sie mittags ein Picknick veranstalten.

Festlegen der Ausrüstung

Jetzt legen Sie die erforderlichen Ausrüstungsteile fest. Überprüfen Sie alle vorhandenen Teile, nehmen Sie erforderliche Reparaturen vor oder kaufen Sie

Ersatz. Verstauen Sie alles, was Sie bis zum Abritt nicht mehr benötigen, an einem festen Platz. Was Sie zwischenzeitlich noch benutzen, halten Sie penibel in Ordnung und verlegen es nicht.

Kostenplan

Wanderreiten ist kein billiges Hobby. Zu den Erstinvestitionen in eine hochwertige Ausrüstung addieren sich die Ausgaben unterwegs. Rechnen Sie mit folgenden Kosten pro Tag und pro Person bzw. pro Pferd:

- Privatquartier inklusive Frühstück: ab DM 15,-.
- Gasthof inklusive Frühstück: ab DM 30,-.
- Pferdequartier ohne Futter: ab DM 15,-.
- Pferdequartier mit Futter: DM 30,-.
- Heuballen: DM 4,-/Stück.
- Strohballen: DM 2,-/Stück.

Am besten vereinbaren Sie »getrennte Kasse«: Jeder Mitreiter zahlt separat für sich und sein Pferd. Später abzurechnen ist meist recht kompliziert. Oder Sie legen eine gemeinsame Kasse an, in die jeder einen bestimmten Betrag einzahlt. Wer allerdings wenig trinkt und isst, fühlt sich bei diesem System schnell benachteiligt.

Wanderritte erfordern eine detaillierte Planung.

Vorbereitung auf Notfälle

Auch wenn Sie sich auf viele Gegebenheiten gut vorbereiten können, sind unvorhergesehene Zwischenfälle nicht auszuschließen. Überlegen Sie frühzeitig, wie Sie sich bei möglichen Notfällen helfen könnten. Hier einige Beispiele:

Was tun, wenn

... ein schwerer Unfall passiert?
- Notrufe in Handy einprogrammieren!
- Über Kontaktpersonen zu Hause Hilfe organisieren!
- Telefonnummern von Tier- und Notfallkliniken in der Reitregion notieren!

... ein Pferd/Reiter erkrankt?
- Telefonnummer/n mehrerer Tierärzte und Humanmediziner in der Reitregion bereithalten!

... ein Pferd lahmt?
- Kurzfristig Transporter bereitstellen!

... Trossfahrer oder -fahrzeug ausfallen?
- Ersatzfahrer und -fahrzeug organisieren!

... ein Angehöriger zu Hause in Not gerät?
- Rücktransport von Reiter und Pferd organisieren oder nur Reiter zurücktransportieren und Pferd an der Hand weiter mitlaufen lassen!

... ein Hufpanne nicht behoben werden kann?
- Telefonnummern von Hufschmieden in der Region vorab notieren!

... die Pferde nachts aus dem Quartier »verschwinden«?
- Polizei benachrichtigen, Fotos und Beschreibung der Pferde aushändigen!

... Sie sich verreiten?
- Telefonnummern von Reiterhöfen in der Nähe bereithalten, die weiterhelfen können, Ersatzquartiere vorher auskundschaften!

Dokumentation

»Weißt du noch?« – Damit Sie nichts vergessen, führen Sie am besten ein kleines Tagebuch mit. Notieren Sie hier auch Namen und Anschriften netter Quartiergeber oder möglicher Stationen für einen späteren Ritt. Ein einfach zu bedienender kleiner Fotoapparat hilft Ihnen, stimmungsvolle oder lustige Augenblicke und Ereignisse im Bild festzuhalten!

> ### ! Checkliste
>
> **Haken Sie Ihre Vorbereitungsschritte ab:**
> - ❏ Termin für Abritt
> - ❏ Termin für Rückkehr
> - ❏ Namen und Anschriften der Teilnehmer
> - ❏ Angaben zu den Teilnehmerpferden
> - ❏ Route von ... bis ...
> - ❏ 1. Tagesetappe von ... bis ... (Pause in ...)
> - ❏ 2. Tagesetappe von ... bis ... (Nachtquartier in ... bei ...)
> - ❏ Futterdepots erforderlich? Ja/nein
> - ❏ Nachtstationen (Anschriften); schriftlich bestätigen lassen
> - ❏ Ausrüstungsliste anlegen
> - ❏ Ausrüstung auf Vollständigkeit überprüft am ...
> - ❏ Kostenaufstellung – Gesamtkosten pro Teilnehmer circa DM ...
> - ❏ Notfallanschriften notiert

Durchführung eines Wanderritts

Der große Moment ist gekommen: Morgen geht es los! Wie in der Planungsphase vereinbart, treffen sich alle Mitreiter und Pferde im Laufe des Nachmittags vor dem Morgen des Abritts am vereinbarten Startpunkt. An diesem Tag bewegen Sie Ihre Pferde nur leicht – Weidegang oder ein Spazierritt ist ausreichend.

Gesundheitskontrolle

Kontrollieren Sie den Gesundheitszustand aller Pferde; lassen Sie sie vortraben, um Gangunregelmäßigkeiten zu erkennen. Erscheint ein Pferd unwohl? Messen Sie Körpertemperatur, Puls- und Atemwerte! Pferde, deren Werte über der Norm liegen, dürfen leider nicht starten. Prüfen Sie den festen Sitz der Eisen.

Start frei zum großen Abenteuer: Ihr Wanderritt beginnt.

Ausrüstungskontrolle

Überprüfen Sie ein letztes Mal, ob alle Ausrüstungsteile vorhanden, unversehrt und sauber sind und füllen Sie Packtaschen und Packsack. Laden Sie Ihre Handys auf. Verstauen Sie fertig gepackte Reisetaschen im Kofferraum des Trossfahrzeugs.

Vorplanung

Bestimmen Sie den Zeitpunkt Ihres Abritts am nächsten Morgen. Den Trossfahrer statten Sie mit dem gleichen Kartenmaterial aus wie die Reiter. Er wird die Pausenplätze ebenso wie Ihre Nachtquartiere vorbereiten. Einigen Sie sich darauf, wer die Gruppe als Rittführer führt.

Reittauglichkeitsprüfung

Sind Sie schon vor Morgengrauen wach geworden? Füttern Sie die erste Kraftfutterration und satteln Sie die Pferde eineinhalb Stunden später. Der Rittführer überprüft ein letztes Mal die Reittauglichkeit: Gesundheit des Pferdes, Zustand der Hufe, Vollständigkeit der Ausrüstung.

Rittordnung

Vereinbaren Sie, mit welchen Handzeichen und Kommandos Sie sich verständigen wollen. Legen Sie die Rittordnung fest: Der Rittführer übernimmt die Tête. Schnellere Pferde gehören nach vorn, Zackler nach hinten. Das Schlusslicht bildet ein erfahrener Reiter. Überprüfen Sie die Sattellage, gurten Sie nach und sitzen Sie auf Kommando auf. Reiten Sie diszipliniert einzeln hintereinander oder paarweise (während der ersten Stunde nur im Schritt) mit einer Pferdelänge Abstand.

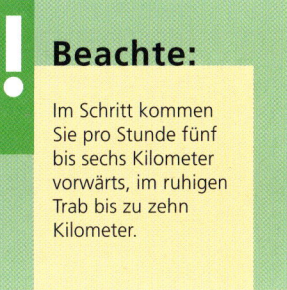

Beachte:

Im Schritt kommen Sie pro Stunde fünf bis sechs Kilometer vorwärts, im ruhigen Trab bis zu zehn Kilometer.

Pausen

Am ersten Tag reiten Sie vormittags höchstens drei Stunden – nach jeweils 45 Minuten Reitzeit führen Sie Ihr Pferd 15 Minuten oder machen nach 50 Minuten eine zehnminütige Kurzpause. Schlagen Sie die Bügel hoch, aber lösen

Durchführung eines Wanderritts

Sie nicht den Gurt. Kontrollieren Sie die Hufe und die stabile Lage der Ausrüstung. In der langen Pause (zu Mittag) nehmen Sie das Zaumzeug ab, lockern den Sattelgurt und belassen den Sattel pro Reitstunde fünf Minuten auf dem Pferderücken, bevor Sie ganz absatteln. Das beugt Drücken vor, und die Sattellage kühlt nicht zu schnell aus. Binden Sie die Pferde kurz und hoch an. Die zweite Tagesetappe am ersten Reittag sollte nicht länger als zwei Stunden dauern; so vermeiden Sie Muskelkater und vorzeitige Ermüdung.

Nutzen Sie jede Möglichkeit, Ihr Pferd zu tränken.

Tränken und Füttern

Tränken Sie Ihr Pferd unterwegs häufig: aus Brunnen, Quellen, fließenden Gewässern, sauberen Waldpfützen und aus Hut oder Faltbeutel vorm Gasthof. Bei Hitze lassen Sie es nicht mehr als zehn Schlucke saufen und führen es ein Weilchen, ehe Sie nachtränken. Bei langen Pausen (3 Stunden) füttern Sie erst Heu und dann etwas Kraftfutter; tränken Sie nach dem Füttern!

Knifflige Situationen unterwegs

Angenehm überraschen wird Sie, dass auch vierbeinige »Neulinge« Gefahrenstellen wie Baustellen, Fahrten mit dem Fährschiff oder Tunneldurchquerungen in den meisten Fällen besser als erwartet meistern. Geraten Sie also nicht in Panik bei unerwarteten Hindernissen, wie Hängebrücken, lange Treppen, Stege über Bäche, Autobahnunterführungen. Bewahren Sie Ruhe und singen oder summen Sie ein Wanderlied. Unerfahrene Pferde nehmen Sie in die Mitte der Gruppe und achten darauf, dass sie nicht zurückfallen. Wägen Sie sorgsam ab, ob es sicherer ist, das Hindernis im Sattel oder zu Fuß mit dem Pferd an der Hand zu bewältigen.

Geländeschwierigkeiten

Mehr noch als unerwartet auftauchenden mechanischen Ungeheuern begegnen Ihnen Geländeschwierigkeiten:

Angst vor der Fähre? Meist reagieren Pferde viel gelassener, als man denkt.

So meistern Sie Schwierigkeiten:

- *Kurze Steigungen:* schwungvoller Galopp.
- *Lange Steigungen:* Schritt.
- *Steile Böschungen:* Das Pferd darf das Tempo bestimmen.
- *Sanfte Gefälle bergab:* Schritt, im rechten Winkel zum Gefälle hinab.
- *Steile Abhänge:* senkrecht den Hang hinunter – auf langrückigem Pferd im Stil der Springreiter mit nach vorn geneigtem Oberkörper, auf kurzrückigem Pferd mit zurückgelehntem Oberkörper.
- *Kleine Gräben:* überspringen – nicht durchwaten.
- *Breite Bäche, kleine Flüsse:* nur an Furten mit klarem Wasser und festem Boden durchqueren. Steine, Kies oder Geröllbrocken zeigt an, dass der Boden begehbar ist.
- *Umgestürzte Baumstämme (Höhe bis Vorderfußwurzelgelenk):* mit nachgebendem Zügel übersteigen lassen.
- *Hölzerne Brücken:* Verankerung prüfen, zu Fuß hinübergehen, Stabilität des Bodens (Pferd und Reiter = bis zu 700 kg) und Festigkeit des Geländers einschätzen. Ist die Brücke sicher, Pferde nacheinander zügig hinüberführen. Zögert das Leitpferd, Brücke nicht betreten und Umweg in Kauf nehmen!

Bäche und kleine Flüsse durchqueren Sie an Furten.

Hitzschlaggefahr

Im Hochsommer besteht immer die Gefahr eines Hitzschlages oder Sonnenstichs bei Mensch und Pferd. Der Blutandrang zum Gehirn steigt an, die körpereigene Temperaturregelung fällt aus. Reiten Sie niemals ohne Kopfbedeckung, trinken Sie viel! Hitzschlag kündigt sich durch Schweißausbruch, Mattigkeit, Taumeln und Krämpfe an, die Adern treten hervor. Führen Sie Ihr Pferd sofort an einen kühlen Ort. Übergießen Sie es mit kaltem Wasser oder fächeln Sie ihm kühle Luft zu. Machen Sie kaltnasse Umschläge um seinen Kopf. Rufen Sie per Handy den Tierarzt! Beugen Sie vor, indem Sie Ihr Pferd vor dem Abritt und unterwegs häufig tränken. Verlegen Sie die Route in kühlere Flusstäler oder an den schattigeren Waldrand. Reiten Sie ausschließlich Schritt und machen Sie regelmäßig Ruhepausen im Schatten. Nutzen Sie jede Gelegenheit, die Pferdebeine zu kühlen.

Richtiges Verhalten bei Gewitter

Auch ein Gewitter kann Sie einmal überraschen! Falls Sie nicht mehr umkehren können, umreiten Sie auf jeden Fall freie Felder und Wiesen. Sind Sie gerade im Wald, reiten Sie zügig weiter. Die Gefahr, vom Blitz getroffen zu werden, ist so am geringsten. Möchten Sie das Ende des Unwetters abwarten, meiden Sie einzeln stehende Bäume oder Wasserstellen. Gruppieren Sie sich nicht zu dicht beieinander und binden Sie die Pferde nicht an! Nehmen Sie Sattel und Zaumzeug ab und deponieren beides mindestens 50 Meter weiter unter Buschwerk. So reduzieren Sie die Menge der Metallteile in Ihrer Nähe. Bleiben Sie bei Ihrem Pferd und sprechen Sie ihm ruhig zu.

Verirrt?

Immer einmal kann es geschehen, dass Sie sich verreiten. Statt ziellos umherzuirren, reiten Sie die nächste Ortschaft oder einen markanten Punkt im Gelände an, die oder den Sie dann auf der topografischen Karte oder der Wanderkarte identifizieren. Er dient Ihnen als Ausgangspunkt für Ihre neue Route zum vorbestellten Nachtquartier. Verständigen Sie Ihren Trossfahrer über die Streckenänderung und rufen Sie im Quartier an, dass Sie später eintreffen. Bewahren Sie vor allem Ruhe! Bei guter Vorplanung können Sie jederzeit Pferdeanhänger und Zugfahrzeug/e herbeitelefonieren und sich zur reservierten Station bringen lassen.

Pferdemist entsorgen

Auch das passiert: Ihr Pferd hinterlässt mitten auf der Dorfstraße einen dampfenden Misthaufen! Reiten Sie nicht mit verbissener Miene weiter. Sitzen Sie ab, streifen Sie Ihre Gummihandschuhe über und entsorgen Sie die Kotballen in eine mitgeführte Plastiktüte. Leeren Sie die Tüte im nächsten Feld aus. So einfach ist es, als Reiter einen guten Eindruck zu hinterlassen ...

Im Quartier

Endlich – Ihr Nachtquartier ist erreicht! Inspizieren Sie Stallungen, Paddocks oder Weide. Dann erst nehmen Sie dem Pferd das Zaumzeug ab, binden es an und lassen den Sattel pro Reitstunde fünf Minuten auf dem Pferd. Bei kühler Witterung decken Sie Ihr Pferd ein. Später satteln Sie ab, kontrollieren Körper, Beine und Hufe, tränken Ihr Pferd und reichen ihm sein Leistungsfutter. Erst wenn alle Pferde ihre Eimer leer gefressen und ein wenig ausgeruht haben, lassen Sie sie frei. Reinigen Sie das Sattelzeug und hängen Sie die Sattelunterlage zum Lüften auf.

Nun sichten Sie Ihr eigenes Gepäck, entsorgen Abfälle und richten die Packtaschen für den nächsten Tag. Nachdem Sie sich frisch gemacht haben, waschen Sie Ihre eigene Wäsche durch (Funktionsmaterialien trocknen über Nacht) oder verstauen sie in einem Plastikbeutel. Sprechen Sie die Tagesetappen durch oder schlagen Sie Verbesserungen für die nächsten Tage vor. Führen Sie Tagebuch, schießen Sie Erinnerungsfotos. Und vergessen Sie am nächsten Morgen nicht, Ihr eigenes Quartier ebenso wie Stall und Paddock zu säubern und in einwandfreiem Zustand zu verlassen.

Die nächsten Reittage

Weiter geht's ... während der nächsten Tage gewinnen die Pferde an Kondition (und Sie an Erfahrung!). Am dritten Tag kann es Streit unter den Mitreitern geben, oder die Pferde zeigen sich missmutig. Dieses Urlaubssyndrom ist am Morgen des vierten Tages überwunden, und Sie dürfen sich über die Lauffreude und Gelassenheit Ihrer vierbeinigen Wandergesellen freuen. Jetzt haben Sie das Gefühl: »Wir könnten ewig weitertrekken ...«

Wieder daheim!

Aber genau jetzt sind Sie am Ziel (oder daheim) angelangt! Untersuchen Sie Ihr Pferd gründlich – behandeln Sie Schwellungen, kleine Wunden, Druckstellen, Abschürfungen, Parasiten oder Zeckenbefall gründlich. Falls die Eisen

Wieder daheim!

locker sind, lassen Sie Ihr Pferd neu beschlagen. Zeigt es Zeichen der Erschöpfung, ziehen Sie den Tierarzt zu Rate. Dann gönnen Sie Ihrem vierbeinigen Partner eine *aktive Erholungspause* nach den Anstrengungen. Ein paar Tage Weidegang oder Auslauf im Paddock und Spaziergänge an der Hand erhalten ihm langfristig den Arbeitseifer!

Nachbesprechung

Sichten Sie Ihre Notizen, sammeln Sie Gesprächspunkte und besprechen Sie mit Ihren Mitreitern nach ein paar Tagen den Ablauf des Rittes nach. Auch wenn es hier und da Ärger gab, bemühen Sie sich um einen freundschaftlichen und versöhnlichen Ton. Praktische Erfahrungen lassen sich immer erst unterwegs machen – und negative Eindrücke sind eine wunderbare Hilfe, es das nächste Mal anders und besser zu machen!

Wieder daheim! Gönnen Sie sich und Ihrem Wanderpartner eine Pause.

Auf einen Blick

Gutes Wanderreiten will gelernt sein. Ihr Ausbilder muss für diese Reitsportdisziplin qualifiziert sein, und auch die Lehrstätte sollte bestimmte Voraussetzungen erfüllen.

Lehrstätten
Am besten, Sie suchen eine Reitschule mit Schwerpunkt Geländereiten, eine Speziallehrstätte für Gelände- und Wanderreiten oder einen Geländeausbilder als Gasttrainer.

Vereinigungen, Verbände, Ausbildungsstätten
Wenden Sie sich an eine der nachfolgend genannten Institutionen. Sie erhalten dort Adressen von geeigneten Reitbetrieben und Informationsschriften.

Anforderungen an die Lehrstätte:

- Artgemäße Pferdehaltung
- Geschicklichkeitsparcours
- Geländestrecke mit Naturhindernissen
- Moderne Reitpädagogik (Diavorträge, Videoaufzeichnungen)
- Blockkurs-System (Intensivwochenende, Wochenlehrgang, Ferienkurs) mit kleinen Teilnehmergruppen
- Praxisnaher Lehrstoff (Reittraining, Ausrüstung, Hufschutz, Notbeschlag, Umgang mit Karte und Kompass, Reparaturen, erste Hilfe, Planung und Organisation eines Wanderritts, Menschenführung, Hilfe bei Pannen)
- Lehrwanderritt
- Prüfung und/oder Zertifikat für erfolgreiche Teilnahme

Vereinigungen, Verbände, Ausbildungsstätten

Institutionen und Ausbildungsstätten

Deutsche Reiterliche Vereinigung e.V. (FN)

Die FN – der Hauptverband für die Zucht und Prüfung deutscher Pferde – unterstützt auch den Breitensport. Viele Landesverbände engagieren sich für die Belange der Wanderreiter. So entstanden attraktive Projekte wie »Eifel zu Pferd« und umfangreiche Kartenwerke. Als Freizeitreiter können Sie die Prüfung zum Reiterpass FN ablegen.

Vereinigung der Freizeitreiter in Deutschland e.V. (VFD)

Die VFD wurde 1973 gegründet, um die Interessen der Gelände- und Wanderreiter und -fahrer wahrzunehmen. Sie bietet Lehrgänge an, bildet Übungsleiter aus und organisiert Wettkämpfe. Sie können verschiedene Abzeichen (u. a. Reiter- und Fahrerpass I bis IV) erwerben.

Erster Trekking-Club Deutschlands e.V. (ETCD)

Der bereits 1966 gegründete ETCD bietet seit langem Fortbildungsveranstaltungen zum Trekking-Reiter, Trekking-Führer und Trekking-Ausbilder an und führt Wettkämpfe wie Trekking-Ritt, Trekking-Kombination und die Deutsche Trekking-Meisterschaft durch.

Faszination Wanderreiten: Am besten fangen Sie in einer guten Ausbildungsstätte an.

Auf einen Blick

Deutsche Wanderreiter Akademie (DWA)
Zu den Aufgaben der 1992 gegründeten Institution zählen Studiengänge vom Geländereiter bis zum Wanderrittmeister DWA. Unter den verschiedenen Veranstaltungen ist das alljährlich im August stattfindende »Windrosenfest« die größte Attraktion. Die DWA zeichnet empfehlenswerte Wanderreit-Ausrüstungsteile und Reitbetriebe mit dem DWA-Gütesiegel aus. Foren helfen bei der Vorbereitung von Wanderritten.

Islandpferdereiter und -züchter Verband (IPZV)
Im Bereich der Gangpferde steht der IPZV zahlenmäßig an der Spitze. Für den Breitensport und das Geländereiten ist der IPZV-Trainer B zuständig; Anfängerunterricht und die Organisation von Wanderritten obliegen dem IPZV-Fachübungsleiter.

Erste Westernreiter Union Deutschlands e.V. (EWU)
Die 1978 gegründete EWU fördert das Westernreiten auf Pferden aller Rassen. Hier können Sie auch den Reiterpass EWU erwerben.

Wettkämpfe

Jeder Wettbewerb dient dem Leistungsvergleich und motiviert zur Leistungssteigerung. Auch im Wanderreiten ist der Leistungsvergleich ein friedliches und faires »Miteinander-Messen«. Wettbewerbe für Wanderreiter bewerten die für ihre Disziplin benötigten Fähigkeiten. Meist bestehen sie aus einem Streckenritt, einem Geschicklichkeitsparcours und einer Rittigkeitsprüfung. Als Streckenritt gilt ein Geländeritt nach Karte von 39 und mehr Kilometern. Über den Aufbau des Geschicklichkeitsparcours entscheidet der Einfallsreichtum des Veranstalters, und die Rittigkeitsprüfung ist mit einer kleinen Dressurprüfung zu vergleichen.

Anschriften von Institutionen und Ausbildungsstätten

Deutsche Reiterliche Vereinigung e.V. (FN)
Freiherr-von-Langen-Str. 13
D-48231 Warendorf
Telefon 0 25 81 / 6 36 20

Vereinigung der Freizeitreiter in Deutschland e.V. (VFD)
Am Bauernwald 5 b
D-83739 München
Telefon 0 89 / 90 09 80 50

Erster Trekking-Club Deutschlands e.V. (ETCD)
Crailheimer Str. 11
D-74423 Obersontheim
Telefon 0 79 73 / 91 06 20

Deutsche Wanderreiter Akademie
Tannenweg
D-56410 Reckenthal/Montabaur
Telefon 0 26 02 / 1 85 07

Islandpferdereiter und -züchter Verband (IPZV)
Tränkepforte 3
D-34117 Kassel
Telefon 05 61 / 77 82 32

Erste Westernreiter Union Deutschlands e.V. (EWU)
Dorfstr. 5
D-56305 Niederähren
Telefon 0 26 84 / 97 90 98

Bezugsadressen für Kartenmaterial

Landesvermessungsamt Baden-Württemberg
Büchsenstr. 54
D-70174 Stuttgart
Telefon 07 11 / 1 23 28 31

Bayerisches Landesvermessungsamt
Alexandrastr. 4
D-80538 München
Telefon 0 89 / 21 29 17 35

Auf einen Blick

Senatsverwaltung Berlin
Abt. für Vermessungswesen
Mansfelder Str. 16
D-10713 Berlin
Telefon 030 / 8 67 56 28

Landesvermessungsamt Brandenburg
Heinrich-Mann-Allee 103
D-14473 Potsdam
Telefon 03 31 / 88 44-4 56

Kataster- und Vermessungsverwaltung Bremen
Wilhelm-Kaisen-Brücke 4
D-28199 Bremen
Telefon 04 21 / 3 61 46 53

Vermessungsamt Hamburg
Wexstr. 7
D-20355 Hamburg
Telefon 0 40 / 3 49 13-21 69

Hessisches Landesvermessungsamt
Schaperstr. 16
D-65195 Wiesbaden
Telefon 06 11 / 53 52 33

Landesvermessungsamt Mecklenburg-Vorpommern
Lübecker Str. 289
D-19059 Schwerin
Telefon 03 85 / 7 44 42 21

Niedersächsisches Landesverwaltungsamt
Abt. Landesvermessung
Warmbüchenkamp 2
D-30159 Hannover
Telefon 05 11 / 64 60 90

Landesvermessungsamt Nordrhein-Westfalen
Muffendorfer Str. 19–21
D-53177 Bonn
Telefon 02 28 / 84 65 35

Landesvermessungsamt Rheinland-Pfalz
Ferdinand-Sauerbruch-Str. 15
D-56073 Koblenz
Telefon 02 61 / 49 22 29

Landesvermessungsamt des Saarlandes
Neugrabenweg 2
D-66115 Saarbrücken
Telefon 06 81 / 9 71 22 41

Landesvermessungsamt Sachsen
Olbrichtplatz 3
D-01099 Dresden
Telefon 03 51 / 8 28 36 08

Landesamt für Landesvermessung und Datenverarbeitung
Sachsen-Anhalt
Barbarastr. 2
D-06110 Halle/Saale
Telefon 03 45 / 13 04 50

Landesvermessungsamt Schleswig-Holstein
Mercatorstr. 1
D-24106 Kiel
Telefon 04 31 / 3 83 20 15

Landesvermessungsamt Thüringen
Schmidtstedter Ufer 7
D-99084 Erfurt
Telefon 03 61 / 6 76 01 28

Herbergsverzeichnisse

Nationale und internationale Jugendherbergsverzeichnisse:

DJH-Hauptverband
Bismarckstr. 8
D-32756 Detmold
Telefon 0 52 31 / 40 10

Naturfreundehäuser:
Touristenverein »Die Naturfreunde«
Großglocknerstr. 28
D-70327 Stuttgart
Telefon 07 11 / 33 76 87

Impressum

Die Deutsche Bibliothek –
CIP-Einheitsaufnahme

Ein Titeldatensatz für diese Publikation ist bei Der Deutschen Bibliothek erhältlich

Bildnachweis
Christine Lange: Seiten 4 oben, 6 links unten, 14, 16, 18, 19, 22, 24, 26, 27, 28, 29 oben, 33, 35, 36, 41, 47
Lothar Lenz: Seiten 1, 2/3, 4 unten, 5, 6 links oben, links Mitte, rechts, 7 oben und unten, 8, 10, 12, 13, 15, 20, 21, 29 unten, 30, 31, 32, 34, 37, 38, 39, 43, 44, 50, 52, 53, 54, 57, 59
E. Schöpal: Seite 17
Umschlagfotos: Titelfotos: alle Lothar Lenz
 Rückseite: alle Lothar Lenz

Umschlaggestaltung: Studio Schübel, München
Layout: Parzhuber & Partner, München
Redaktion: Renate Hausdorf
Satz und Herstellung: Renate Hausdorf
Lektorat: Claudia Daiber

BLV Verlagsgesellschaft mbH München Wien Zürich
80797 München

© 2000 BLV Verlagsgesellschaft mbH, München

Das Werk einschließlich aller seiner Teile ist urheberrechtlich geschützt. Jede Verwertung außerhalb der engen Grenzen des Urheberrechtsgesetzes ist ohne Zustimmung des Verlages unzulässig und strafbar. Das gilt insbesondere für Vervielfältigungen, Übersetzungen, Mikroverfilmungen und die Einspeicherung und Verarbeitung in elektronischen Systemen.

Gesamtherstellung: Appl, Wemding

Printed in Germany · ISBN 3-405-15971-7